Sekundarstufe

Rudi Lütgeharm

Stundenbilder Sport

Spiel, Spaß und Spannung beim Geräteturnen

2

Methodische Übungsreihen

- Ziele
- Zielgruppen
- Benötigte Geräte

Lernen mit Erfolg
KOHL VERLAG
Der Verlag mit dem Baum
www.kohlverlag.de

Stundenbilder Sport / Sekundarstufe
Band 2: Spiel, Spaß & Spannung beim Geräteturnen

7. Auflage 2009

Inhalt: Rudi Lütgeharm
Illustrationen: Scott Krausen
Grafik & Satz: COPS, Alsdorf
Druck: Druckerei Ralf Küster, Aachen-Brand

Bestell-Nr. 14 004

ISBN: 3-86632-031-0
ISBN-13: 978-3-86632-031-4

Stundenbilder Sport Sekundarstufe
Band 2: Spiel, Spaß & Spannung beim Geräteturnen - Bestell-Nr. 14 004
KOHL VERLAG Der Verlag mit dem Baum
www.kohlverlag.de

Stundenbild 1 Hockwenden immer anders ...

Ziele: Variationen der Hockwende an verschiedenen Geräten

Unterrichtsmittel: 2 Recke, 6 kleine Kästen, 1 Schwebebalken, 2 Sprungbretter, 2 Stufenbarren und Matten

Vorab ...

Nachdem die Schüler eine sportliche Bewegungsfertigkeit durch Wiederholung in der Grobform erlernt haben, werden geeignete Übungsvariationen ausgewählt, die den Prozess der Festigung und Formung unterstützen und beschleunigen.

Folgende Möglichkeiten bieten sich an:
a) Erhöhen des Gerätes.
b) Verändern der Griffart.
c) Wechsel des Gerätes.
d) Verändern des Stützes, Hanges oder Standes.
e) Verändern der Ausgangs- oder Endstellung.
f) Üben in Übungsserien, in denen die gleiche Übung an mehreren Geräten (gleichartig oder verschieden) mehrmals ausgeführt wird.

Hinweise zur Übungsauswahl

Alle Geräte werden vor Beginn des Übens an den vorher gekennzeichneten Stellen gemeinsam aufgebaut (siehe Skizze). Natürlich kann bei weniger vorhandenen Geräten auch nur eine Bahn aufgebaut werden.

Übungsbeispiele

Die Übenden nehmen in zwei Riegen an ihrer Gerätebahn Aufstellung (Skizze). Geübt wird im Strom.

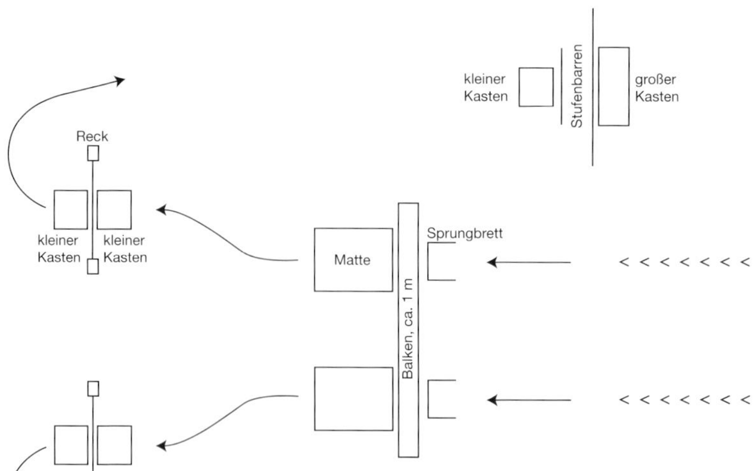

- Je nach dem Könnensstand des einzelnen Schülers oder der Gruppe lassen wir die geforderte Aufgabe nach entsprechender Korrektur wiederholen.
- Im Verlaufe des Übungsprozesses ist es auch möglich zu differenzieren, d. h. die leistungsschwächeren Schüler turnen getrennt an „ihrer“ Gerätebahn.
- Zwischen den Geräten darf nie ein Stau entstehen, damit die Hockwende sofort auf das andere (nächste) Gerät übertragen werden kann.
- Anfangs wird durch die Lehrkraft, später durch die Schüler selbst Hilfeleistung gegeben.
- Grundsätzlich werden immer mehrere Durchgänge der jeweiligen Aufgabe ausgeführt (Übungseffekt!).

Praxis

1. Durchgang: Beliebiges Überwinden aller Geräte. Mehrmals durchführen.

2. Durchgang: Hockwende über den Schwebebalken (ca. 80-90 cm hoch), sonst wie 1.

3. Durchgang:
Wie 2., aber versuchen, so zu stützen, dass das Gesäß hoch über dem Stützpunkt der Hände kommt. „Wer kann lange in der Luft bleiben?"

4. Durchgang:
Wie vorher, aber Hockwende über die Reckstange vom kleinen Kasten auf den kleinen Kasten.

5. Durchgang:
Wie vorher, aber Hockwende über die Reckstange mit 1/4 Drehung zum Gerät (die gelöste Hand fasst spät wieder zu.

6. Durchgang:
Wie vorher, aber Hockwende aus dem Stand vom niedrigen Holm über den hohen Holm mit Landung auf dem Kasten.

7. Durchgang:
Wie vorher, aber Hockwende über den hohen Holm mit 1/4 Drehung zum Gerät. Darauf achten, dass um den Stützarm gedreht wird (bei der Hockwende rechts um den linken Arm). Die andere Hand fasst nach der Drehung wieder zu.

8. Durchgang:
Wie vorher, aber der seitgestellte Kasten wird Stück für Stück näher an den niedrigen Holm gerückt (in die Holmengasse hineingesetzt).

Hinweis: Nur für die leistungsstärkeren Jungen und Mädchen. Durch das Verlagern der Landeläche werden die Übenden Schritt für Schritt an die Landung auf dem niedrigen Holm vorbereitet.
Sobald es den Schülern gelingt, auf dem niedrigen Holm zu landen wird ein Kastenteil entfernt, so dass der Kasten eine immer weniger werdende Geräthilfe darstellt.

Alle Geräte werden gemeinsam abgebaut.

Stundenbild 2 Rolle rückwärts durch den flüchtigen Handstand

Ziele: Lernen und üben der Rolle rückwärts durch den flüchtigen Handstand
Schulen der Stützkraft und der Koordinationsfähigkeit

Unterrichtsmittel: 20 bis 25 Gymnastikbälle, 8 bis 10 Matten

Einleitender Teil

Fangen mit Prellen eines Balles.
Es werden zwei oder sogar drei Fänger bestimmt, die jeweils ein Parteiband erhalten. Alle Mitspieler (auch die Fänger) müssen ihren Ball prellen. Die Aufgabe der Fänger besteht darin, den Ball zu prellen und dabei zu versuchen, einen Mitspieler mit der freien Hand abzuschlagen. Gelingt ihnen dies, so erfolgt Rollentausch. Der neue Fänger erhält jetzt das Parteiband.

Hauptteil

Zu Beginn des Hauptteils werden die Matten an den vorgesehenen Stellplätzen ausgelegt (Skizze). Die Übenden stellen sich zu dritt oder zu viert an den Stirnseiten der Matten auf.

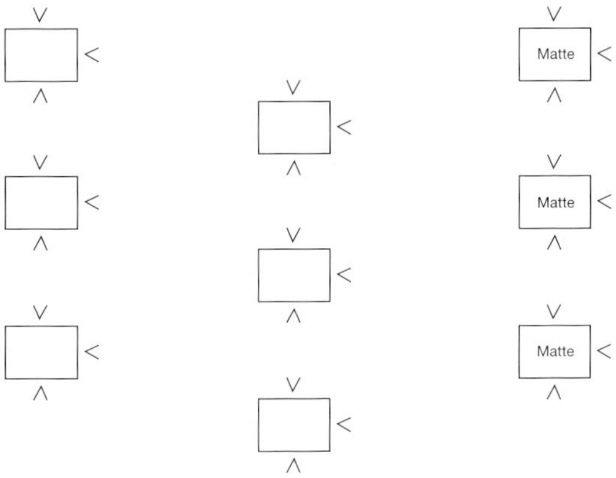

Festigen der Rolle rückwärts. Fünfmal.
Die Jungen und Mädchen üben an den Querseiten der Matten, so dass immer zwei auf einmal die Aufgabe ausführen können.

Aus dem Strecksitz Vorfedern mit anschließendem Rückrollen in die Kerze (beim Rückrollen in die Kerze werden die Hüften gestreckt). Die Hände stützen in den Hüften ab. Fünfmal.

Wie vorher, aber schnelles Rückrollen in die Kerze. Auf eine explosive Streckung der Hüften achten. Die Hände stützen in der Hüfte ab. Fünfmal.

☞ **Hinweis:** Gerade bei diesen vorbereitenden Übungen sollte die Lehrkraft auf das exakte Lösen der gestellten Bewegungsaufgabe achten. Evtl. muss schon ab dieser Übung mit einer differenzierten Aufgabenstellung gearbeitet werden, d. h. es sollen nur die Jungen und Mädchen sich an der nächsten Übung versuchen, die die vorherige einwandfrei ausgeführt haben.

☺ Wie vorher, aber mit Stütz der Hände neben dem Kopf. Bei dieser Übung besonders auf das explosive Strecken der Hüften achten, die Arme bleiben noch passiv. Versuchen, den Körper nach der Hüftstreckung einen Moment in der Kerze zu halten. Fünfmal.

☞ **Hinweis:** Evtl. muss bei dieser Übung mit Hilfeleistungen gearbeitet werden. Die Helfer (rechts und links) halten den Übenden einen Moment in der Kerze.

☺ Strecksitz, Vorfedern
mit anschließendem Rückrollen und explosiver Hüftstreckung. Die Hände werden in Ohrhöhe aufgesetzt, gleichzeitig erfolgt das kräftige Armstrecken mit Rücknahme des Kopfes in den Nacken. Es wird bis zur korrekten Ausführung geübt.

Zur Hilfeleistung: Die Helfer stehen seitlich (rechts und links) hinter den Übenden in Höhe der Stützfläche der Hände. Sie ergreifen während des Rückrollens in die Kerze (also sehr zeitig) die Unterschenkei des Übenden über den Fußgelenken und unterstützen durch Zughilfe die Körperstreckung in den flüchtigen Handstand. Es erfolgt ein ständiger Wechsel zwischen Helfenden und Übenden.

☺ Wie vorher, aber stufenweiser Abbau der Hilfeleistung.

☞ **Hinweis:** Ist die Zughilfe nicht mehr nötig, kann ein ausgestreckter Arm als Orientierungshilfe für die Bewegungsrichtung der Beine dienen.

Wie vorher, aber ohne Hilfe.

Hinweis: Wer die Rolle rückwärts durch den flüchtigen Handstand ohne jede Hilfe turnen kann, versucht einfache Übungsverbindungen. Der Lehrer nimmt die entsprechende Differenzierung vor. Die Matten sind so ausgelegt, dass an jedem Gerät Übungen mit Anlauf möglich sind.

Sprung mit 1/2 Drehung und Rolle rückwärts durch den flüchtigen Handstand.

Radwende und Rolle rückwärts durch den flüchtigen Handstand.

Alle Matten gemeinsam abbauen.

Schlussteil

Drei-Felder-Ball.
Spielerzahl: bis 24 Jungen und Mädchen.
Spielfeld 12 x 24 m (Normalturnhalle).

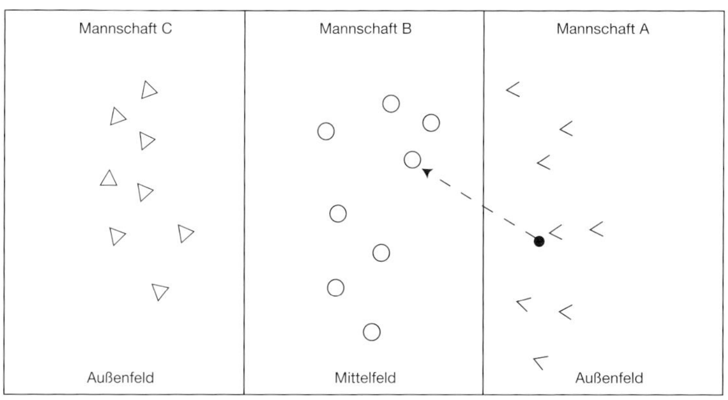

Das Spielfeld wird in drei gleich große Felder von je 8 m Länge und gesamte Breite der Halle sowie die Klasse in drei gleich starke Mannschaften aufgeteilt. Zur Teilung der Halle können die ausliegenden Matten schnell zusammengeschoben werden. in jedem Feld befindet sich eine Partei, die nun versucht, viele Spieler des Gegners abzuwerfen. Für jeden Treffer erhält die erfolgreiche Gruppe einen Punkt (es scheidet kein Spieler aus). Nach ca. 2 bis 3 Minuten werden die Felder gewechselt, so dass jede Mannschaft in die schwierige Mittelposition kommt. Fangen des Balles ist erlaubt. Welche Gruppe hat nach zwei Durchgängen die meisten Punkte? Der Lehrer bestimmt je Gruppe einen Spieler, der die Punkte seiner Mannschaft zählt.

Stundenbilder Sport Sekundarstufe
Band 2: Spiel, Spaß & Spannung beim Geräteturnen - Bestell-Nr. 14 004
KOHL VERLAG Der Verlag mit dem Baum www.kohlverlag.de

Stundenbild 3 — Intensives Üben mit großen Gruppen

Ziele: Schulen der Kraftausdauer und Festigen turnerischer Grundformen: Rolle vorwärts, Flugrolle, Grätsche und Rad

Unterrichtsmittel: 8 bis 10 Matten, 1 Bock, 2 Sprungbretter, 3 Turnbänke, 6 kleine Kästen, 1 Kastendeckel

Vorab ...

Das folgende Übungsbeispiel soll veranschaulichen, dass es auch mit größeren gemischten Gruppen möglich ist,

- die motorischen Fähigkeiten, insbesondere die Kraftausdauer, durch eine entsprechende Geräteauswahl und -anordnung zu schulen;
- bekannte und in der Grobform beherrschte turnerische Grundformen durch eine neue Organisationsform zu wiederholen und zu festigen;
- neue Bewegungserfahrungen durch andere situative Bedingungen zu vermitteln;
- den organisatorischen Verlauf der Sportstunden intensiv und abwechslungsreich zu gestalten.

In der Erwärmung wird die Kraftausdauer geschult, im Hauptteil die bekannten Grundformen wie Grätsche über den Bock, Rad und Flugrolle gefestigt und im Schlussteil Gruppenwettläufe spielend durchgeführt.

Hinweise zum Übungsablauf

Der umfangreiche Geräteaufbau wird am Anfang der Stunde von allen gemeinsam durchgeführt (siehe Abb).

- Danach stellen sich die Jungen und Mädchen je nach Gruppen- oder Klassenstärke in Dreier-, Vierer- oder Fünfergruppen hinter den kleinen Kästen auf (siehe Abb).
- Jede Gruppe beginnt zunächst mit einer Übung an den kleinen Kästen, läuft dann weiter über die Turnbank sowie über die Matte und befindet sich dann am nächsten kleinen Kasten.
- So setzt sich das Üben immerfort. Wenn die letzte Matte erreicht ist, muss die Gruppe außen zum Ausgangspunkt zurücklaufen. Ein Durchgang ist beendet, wenn jede Gruppe ihren Ausgangspunkt erreicht hat.
- Bei einer kleineren Halle muss evtl. eine Turnbank mit der Übungsmöglichkeit weggelassen werden.
- Für den Hauptteil werden drei Riegen gebildet, die sich hinter den Bänken aufstellen. Geübt wird im Strom, d. h. wer über den Bock gesprungen ist, stellt sich bei der nächsten Riege (Rad) hinten an. Auch hier ist ein Durchgang beendet, wenn jede Riege ihren Ausgangspunkt erreicht hat. Im Schlussteil werden Gruppenwettläufe durchgeführt, Übungsweg wie in der Einleitung beschrieben.

Einleitung

Hinter jedem kleinen Kasten stehen drei, vier oder evtl. auch fünf Übende. Wie viel Durchgänge der Lehrer oder Übungsleiter im einzelnen jeweils durchführen lässt, hängt vom Leistungsvermögen der Jungen und Mädchen ab.

Stundenbilder Sport Sekundarstufe
Band 2: Spiel, Spaß & Spannung beim Geräteturnen - Bestell-Nr. 14 004
KOHL VERLAG Der Verlag mit dem Baum
www.kohlverlag.de

1. Durchgang:
Beliebiges Überlaufen der Kästen, Bänke und Matten. Hierbei lernen die Teilnehmer den Übungsweg kennen.

2. Durchgang:
An jedem kleinen Kasten werden sechs Schrittwechselsprünge ausgeführt, alle anderen Geräte frei überlaufen.

3. Durchgang:
Wie vorher, aber zusätzlich wird an jeder Bank aus dem Liegestütz vorlings 4x Auf- und Abstützeln ausgeführt.

4. Durchgang:
Wie vorher, aber an jeder Matte wird eine Rolle vorwärts ausgeführt. Nach diesem Durchgang wird an jedem Gerät eine Bewegungsaufgabe gelöst, so dass wieder mit der Veränderung der Aufgabenstellung an den kleinen Kästen begonnen werden kann.

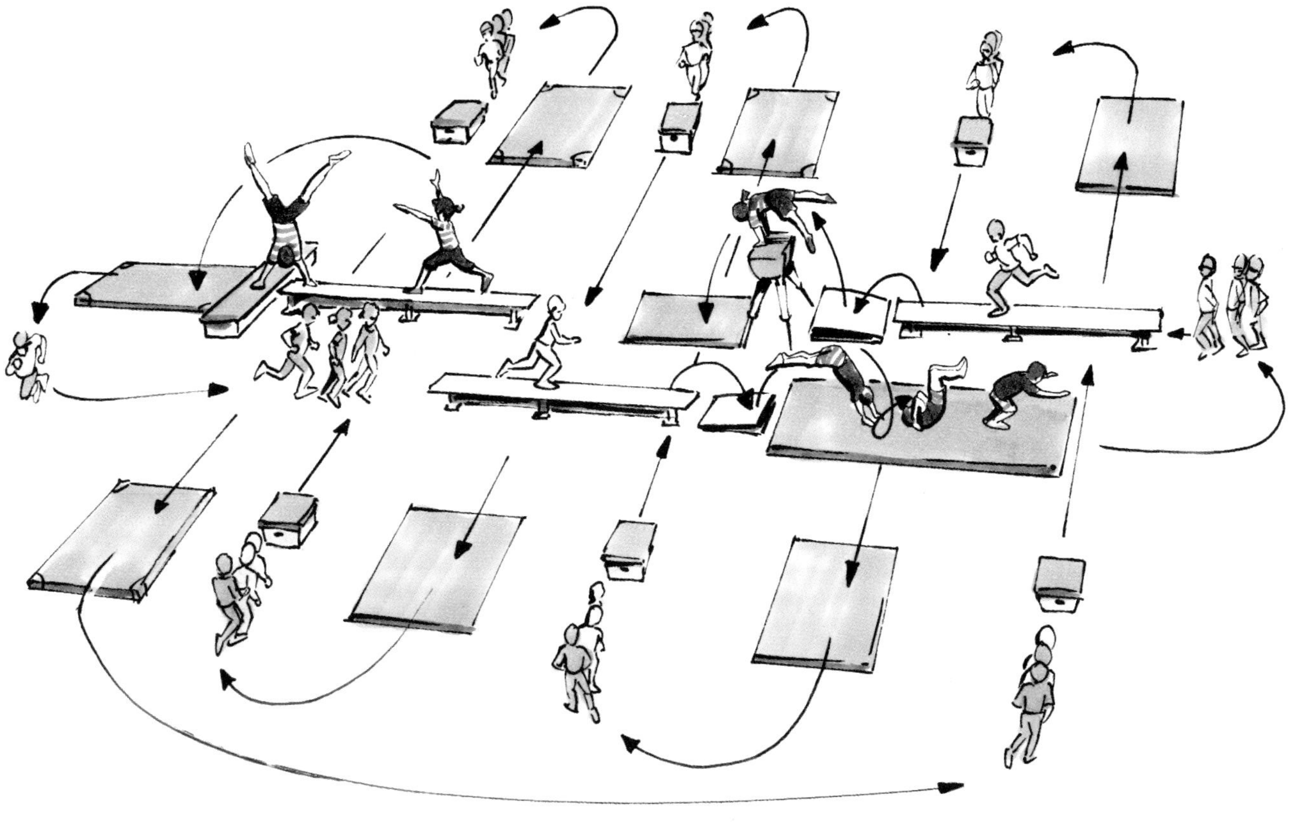

5. Durchgang:
An jedem kleinen Kasten werden vier Schlusssprünge ausgeführt, alle anderen Übungen bleiben unverändert. Evtl. kann zeitweise auf die Rolle vorwärts verzichtet werden, dafür wird dann aus dem Strecksitz Aufrollen in die Kerze ausgeführt.

Hauptteil

Die Jungen und Mädchen stellen sich in zwei Riegen hinter der Bank zum Bock und hinter der Bank zur Flugrolle auf (Aufstellung und Übungsweg). Am Bock wird eine Sicherheitsstellung postiert, evtl. nimmt der Lehrer diese Aufgabe zunächst selbst wahr.

Stundenbilder Sport Sekundarstufe
Band 2: Spiel, Spaß & Spannung beim Geräteturnen - Bestell-Nr. 14 004
KOHL VERLAG www.kohlverlag.de

Von jeder Aufgabe werden zunächst zwei Durchgänge ausgeführt. Danach wird die Bewegungsaufgabe noch einmal demonstriert und erläuternde Hinweise zur besseren Ausführung gegeben. Danach wiederholen alle Übenden noch einmal die gestellte Aufgabe.

1. Durchgang:
Überlaufen bzw. Überwinden aller Geräte. Zwischen Sprungbrett und Bock muss dafür ein kleiner Kasten gestellt werden (oder der Bock muss umlaufen werden).

2. Durchgang:
Anlauf auf der Bank mit anschließender Grätsche (über den Bock, alle anderen Geräte werden beliebig überlaufen.

3. Durchgang:
Wie vorher, aber Anlauf auf der Bank mit anschließendem Rad (erste Hand fasst auf die Bank, zweite Hand auf den etwas tieferen Kastendeckel).

☞ **Hinweis:** Wer das Rad noch nicht schafft, läuft über das Gerät.

4. Durchgang:
Wie vorher, aber Anlauf auf der Bank mit anschließender Flugrolle. Den Auftaktschritt auf der Bank ausführen und dann mit beiden Füßen auf das Sprungbrett springen und anschließend die Flugrolle turnen (die Federwirkung des Brettes ausnutzen und doppelte Mattenlage auslegen).

☞ **Hinweis:** Die Lehrkraft unterbricht den Übungsablauf und lässt einige Bewegungsabläufe noch einmal demonstrieren, um auf wesentliche Punkte hinzuweisen. Anschließend wird weiter geübt.

Schlussteil

☺ Die Übenden nehmen nun wieder die Aufstellung ein, die in der Einleitung beschrieben wurde.
Gruppenwettlauf:
Welche Gruppe steht nach dem Überlaufen aller Geräte zuerst wieder an ihrem Platz?
Die Matten müssen bis zum Ende voll überlaufen werden. Mehrere Durchgänge.

Stundenbilder Sport Sekundarstufe
Band 2: Spiel, Spaß & Spannung beim Geräteturnen - Bestell-Nr. 14 004
KOHL VERLAG Der Verlag mit dem Baum
www.kohlverlag.de

Stundenbild 4 — Rhytmisch turnen

Ziele: Festigen von turnerischen Grundformen durch rhythmische Reihen: Hockwende, Grätsche und Flugrolle
Schulen der Rhythmisierungsfähigkeit und der Kraftausdauer

Unterrichtsmittel: Je nach Anzahl der Gerätebahnen: 2 bis 3 Stützbarren, 10 bis 12 Matten, 8 bis 12 kleine Kästen, 2 bis 3 Böcke, 2 bis 3 Sprungbretter

Vorab ...

- Ausgangspunkt dieser Übungsstunde sind die bereits eingeführten Bewegungsabläufe Hockwende, Grätsche und Rolle vorwärts, die die Jungen und Mädchen zumindest in der Grobform beherrschen und nun in rhythmischen Reihen anwenden und festigen sollen.
- Durch das „Einkleiden" von bekannten turnerischen Grundformen in rhythmische Reihen sind die Übenden erneut motiviert.

Hinweise zur Durchführung
- Bei der Durchführung von rhythmischen Reihen kommt es nicht nur darauf an, die einzelne turnerische Grundform an dem jeweiligen Gerät rhythmisch zu turnen, sondern auch der Abgang von einem Gerät und den Übergang zum nächsten Gerät mit passenden Zwischenschritten fließend auszuführen.
- Zunächst sollten zwischen den einzelnen Geräten gleichbleibende Zwischenräume gewählt werden, damit schnell ein passender Rhythmus gefunden werden kann.

Zum Übungsablauf

Alle Geräte werden vor Beginn des Übens an den vorgesehenen Stellplätzen aufgebaut (siehe Skizze). Wenn es die Hallenbreite zulässt, können die kleinen Kästen in Verlängerung der Böcke angeordnet werden. Bei einer Normalturnhalle von nur 12 m Breite müssen die kleinen Kästen im rechten Winkel zu den Böcken aufgestellt werden (siehe Skizze – unterbrochene Linie). Bei Gerätemangel kann natürlich auch nur eine Gerätebahn aufgebaut werden.

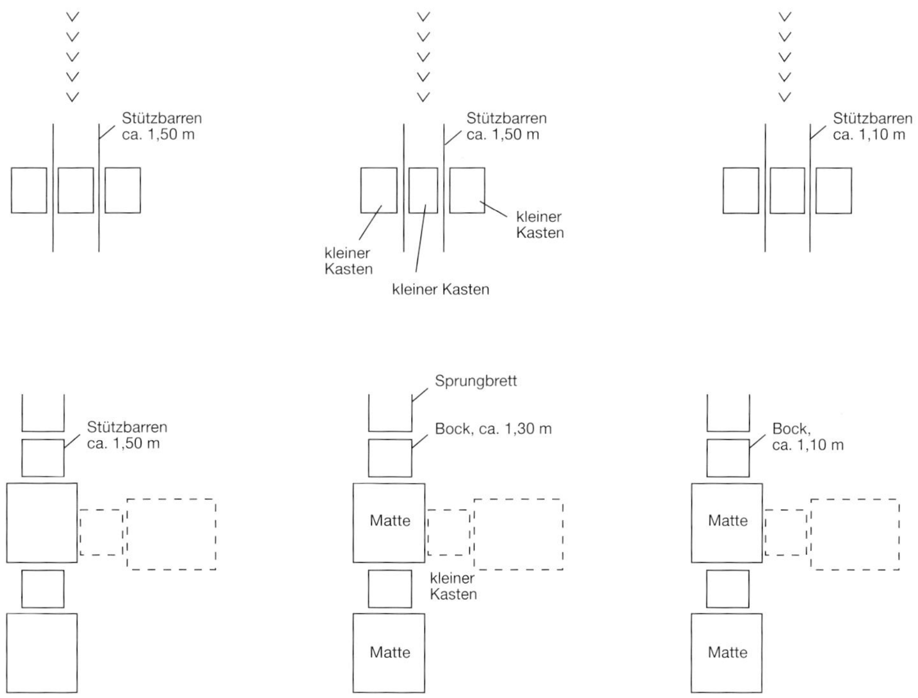

Stundenbilder Sport Sekundarstufe
Band 2: Spiel, Spaß & Spannung beim Geräteturnen - Bestell-Nr. 14 004
KOHL VERLAG Der Verlag mit dem Baum
www.kohlverlag.de

Es werden drei Riegen gebildet, die sich zur jeweiligen Holmengasse des Barrens aufstellen (siehe Skizze). Bei diesem Beispiel sind die Barren und Böcke unterschiedlich hoch, damit jeder entsprechend seinem Leistungsvermögen gefordert wird. Es ist deshalb empfehlenswert, vor Beginn der rhythmischen Reihe probieren und versuchen zu lassen, um dann anschließend – je nach Leistungsvermögen – die drei Riegen zu bilden. Jeder angebotene Übungsdurchgang wird mindestens zweimal nacheinander geturnt.

Übungsbeispiele

1. Durchgang:
In die Holmengasse gehen, sich auf den kleinen Kasten stellen und mit den Händen etwas vorgreifen. Einen kleinen Auftakthüpfer ausführen und die Hockwende nach rechts auf den kleinen Kasten turnen. Anschließend mit beiden Füßen vom kleinen Kasten auf den Boden springen, sofort weiterlaufen und die Grätsche über den Bock ausführen. Außen zum Stellplatz zurücklaufen.

Hinweis:
An den Böcken sollte eine entsprechende Hilfe- bzw. Sicherheitsstellung eingesetzt werden.

2. Durchgang:
Wie 1., aber versuchen, zwischen Barren und Bock einen passenden – immer gleichen – Laufrhythmus zu finden.

3. Durchgang:
Wie 2., aber nach der Landung der Grätsche einen kleinen beidbeinigen Hüpfer nach vorn ausführen und die Flugrolle über den kleinen Kasten turnen, nach Beendigung der Flugrolle einen Strecksprung anschließen.

Hinweis: Wenn die kleinen Kästen im rechten Winkel zu den Böcken angeordnet sind, muss der Hüpfer auf der Stelle mit 1/4 Drehung links ausgeführt werden.

4. Durchgang:
Sich auf den kleinen Kasten in der Holmengasse stellen, mit den Händen vorgreifen, einen kleinen Auftakthüpfer ausführen und die Hockwende nach links turnen – Zwischenhüpfer – Hockwende in die Mitte – Zwischenhüpfer – Hockwende nach rechts -sonst wie unter 3. beschrieben. Die Hände bleiben unverändert grifffest.

5. Durchgang:
Wie 4., aber wer schafft es auch ohne Zwischenhüpfer?

Stundenbilder Sport Sekundarstufe
Band 2: Spiel, Spaß & Spannung beim Geräteturnen - Bestell-Nr. 14 004
KOHL VERLAG Der Verlag mit dem Baum
www.kohlverlag.de

6. Durchgang

Sich auf den kleinen Kasten in der Holmengasse stellen, mit den Händen etwas vorgreifen, einen kleinen Auftakthüpfer ausführen und die Hockwende nach links turnen – Zwischenhüpfer – Hockwende über die Holmengasse nach rechts auf den kleinen Kasten, sonst wie unter 3. beschrieben.

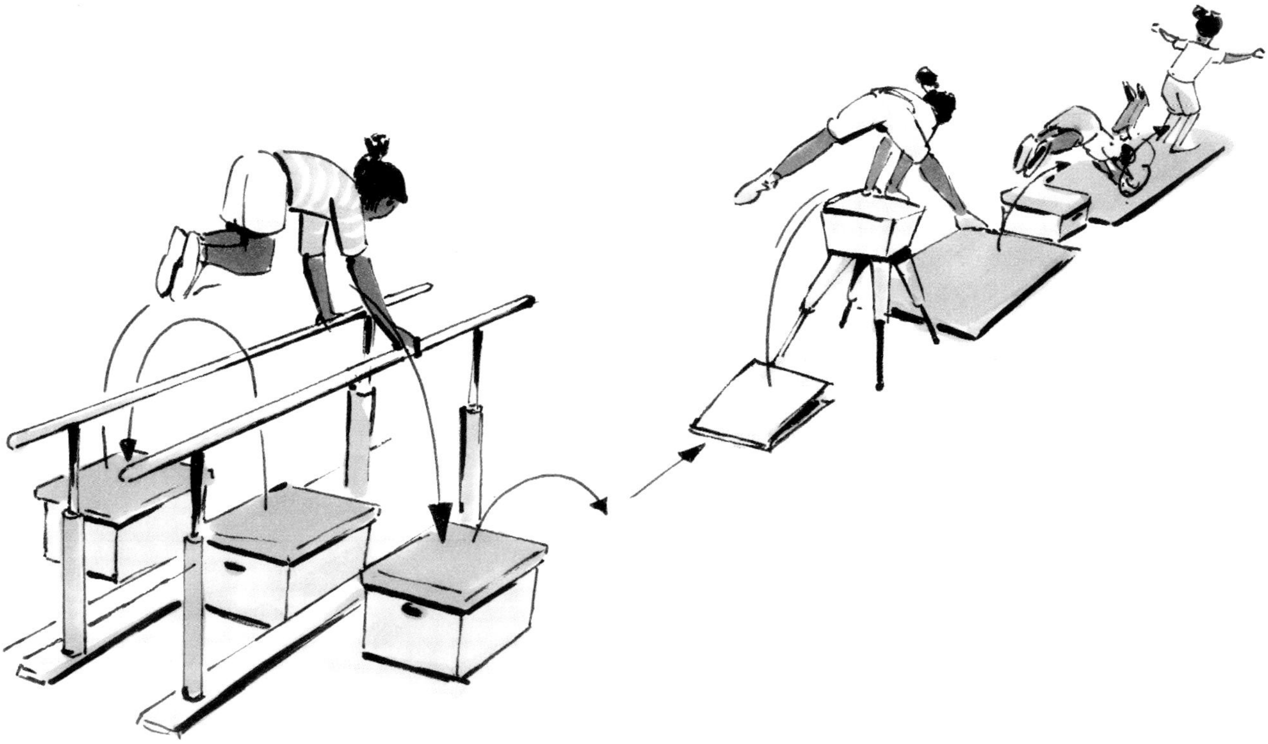

7. Durchgang:

Sich auf den kleinen Kasten in die Holmengasse stellen, mit den Händen etwas vorgreifen, einen kleinen Auftakthüpfer ausführen und die Hockwende nach rechts turnen Zwischenhüpfer – Hockwende in die Mitte – Zwischenhüpfer – Hockwende nach links Zwischenhüpfer und Hockwende über die Holmengasse nach rechts auf den kleinen Kasten, sonst wie unter 3. beschrieben.

Stundenbild 5 — Überschlagen seitwärts macht Spaß

Ziele: Vom Rad zur Radwende mit unterstützenden Geräthilfen

Unterrichtsmittel: 6 Matten, 2 große Kästen, 2 Turnbänke, 2 Kastendeckel, 1 Schwebebalken oder eine hochgelegte Turnbank, 1 Weichboden

Vorab ...

Nachdem das Rad in vorhergehenden Stunden erlernt und gefestigt worden ist, bietet es sich an, die Radwende zu erarbeiten. Bei diesem Übungsbeispiel bildet das Rad den Ausgangspunkt, somit haben alle Übenden Gelegenheit, sich der gemachten Bewegungserfahrungen rückzuerinnern.

Hinweise zur Durchführung

Durch die sinnvolle Ausnutzung der Geräte (siehe Skizze) wird es möglich, an der einen Seite der Bank das Rad zu wiederholen und auf der anderen Seite die Radwende zu erarbeiten. Schon beim Erlernen der Radwende wird dem unterschiedlichen Leistungsstand durch eine differenzierte Aufgabenstellung Rechnung getragen. Wer die Radwende an der Bank in der Grobform beherrscht, geht zum vierteiligen Kasten und versucht dort die Radwende. Wenn auch diese Übung mehrere Male richtig ausgeführt worden ist, geht der Übende zum ca. 90 cm hohen Schwebebalken und versucht nun dort mit Hilfe die Radwende als Abgang.

Differenzierende Maßnahmen

Es findet also eine laufende Differenzierung statt, wobei die Lehrkraft zunächst am Kasten und Schwebebalken selbst die Hilfeleistung übernimmt. Im Verlaufe des Lern- und Übungsprozesses können dann geeignete Übende diese Aufgabe übernehmen.
Wichtig erscheint noch der Hinweis zu sein, dass die Übenden schon beim Übergang vom Rad zur Radwende durch Demonstrationen und Bildreihen auf die Ähnlichkeiten zwischen diesen beiden Bewegungsabläufen hingewiesen werden, um durch Einsichten und Erkenntnisse den Lernprozess zu verkürzen.

Hinweise zum Übungsablauf

Alle Geräte werden vor Beginn des Übens an den vorher gekennzeichneten Stellen gemeinsam aufgebaut.

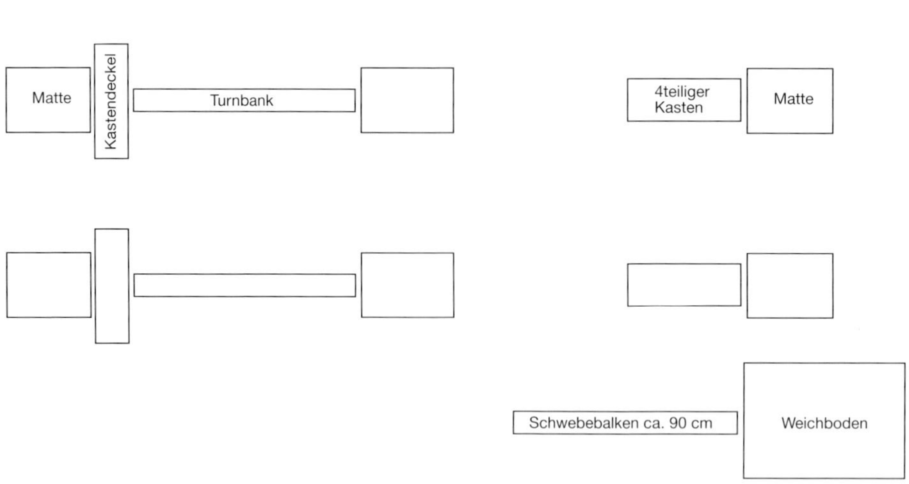

1. Durchgang:
Die Übenden stellen sich in zwei Riegen hinter den Bänken auf. Anlauf auf der Bank. Absprung von der Bank. Die erste Hand fasst auf die Bank, die zweite auf den Kastendeckel. Bei dieser Übung wird deutlich die zweite Hand später aufgesetzt (Höhenunterschied). Außerdem müssen Füße und Hände in einer Linie eingesetzt werden. Das Rad einige Male ausführen, so dass der Bewegungsablauf sicher wird.

2. Durchgang:
Die Übenden stehen jetzt hinter der Bank in Blickrichtung auf die Matten (entgegengesetzte Richtung). Der Schüler geht auf der Bank an und versucht auf der Bank in den Seithandstand zu schwingen. Der Helfer hilft dem Übenden dabei, die Beine müssen am höchsten Punkt geschlossen werden. Beim Senken fasst der Helfer mit dem Unterarm unter die Hüften des Übenden und erleichtert damit das Senken der Beine mit 1/4 Drehung.

3. Durchgang:
Wie 2., aber wer schafft es, ohne Unterstützung des Helfers?

4. Durchgang:
Nach mehrmaligem richtigen Ausführen der Radwende von der Bank versuchen die Übenden den Bewegungsablauf vom ca. 90 cm hohen Kasten auszuführen.

☞ **Hinweis:** Darauf achten, dass die Hände schulterbreit stützen und die Beine am höchsten Punkt geschlossen werden. Die Landung erfolgt auf beiden Füßen. Die Hilfeleistung steht an der offenen Seite der Übenden, so dass die Radwende über die Hilfeleistung hinweg geturnt werden muss. Sie fasst mit der linken Hand das rechte Handgelenk des Übenden, die rechte Hand fasst „in die Radwende hinein“ und unterstützt an der Hüfte die Bewegung.

5. Durchgang:
Wie 4., aber wer schafft es ohne die Unterstützung des Helfers?

6. Durchgang:
Wenn die Radwende ohne Hilfe vom Kasten mehrere Male richtig ausgeführt worden ist, gehen die Jungen und Mädchen zum etwa gleichhohen, aber wesentlich schmaleren Schwebebalken und versuchen dort mit Hilfe die Radwende als Abgang. Aufgabenstellung wie unter 4. beschrieben.

Als Abschluss werden noch einmal einige Radwenden an den einzelnen Stationen gezeigt und die Schwerpunkte besprochen.
Alle Geräte werden gemeinsam abgebaut.

Stundenbilder Sport Sekundarstufe
Band 2: Spiel, Spaß & Spannung beim Geräteturnen - Bestell-Nr. 14 004
KOHL VERLAG Der Verlag mit dem Baum
www.kohlverlag.de

Stundenbild 6 — Über Kopf am Stützbarren

Ziele: Lernen und üben der Rolle vorwärts am Stützbarren

Unterrichtsmittel: 2 Stützbarren, 2 große Kästen, 6 kleine Kästen, 3 bis 6 Matten

Vorab ...

Die Rolle vorwärts aus dem Grätschsitz in den Grätschsitz am Stützbarren kann durch eine sinnvoll aufgebaute methodische Übungsreihe mit Möglichkeiten eines differenzierten Übungsangebotes ohne große Schwierigkeiten erarbeitet werden. Hilfen durch die Lehrkraft und Gerätehilfen ermöglichen ein sicheres Üben und nehmen den Jungen und Mädchen die Angst vor dem Ausführen des Bewegungsablaufes.

Voraussetzungen für das Gelingen dieser Bewegungsfertigkeit sind grundlegende Bewegungserfahrungen am Stützbarren (Kehren und Wenden), eine gut entwickelte Stützkraft und ein gekräftigter Schultergürtel sowie Bewegungserfahrungen bei Drehungen um die Körperbreitenachse (Rollen am Boden).

Folgende Kriterien müssen bei der Ausführung der Rolle vorwärts aus dem Grätschsitz in den Grätschsitz am Stützbarren beachtet werden:

- Der Grätschsitz wird mit angespannter Oberschenkelmuskulatur ausgeführt.
- Die Hände greifen dicht vor den Oberschenkeln an den Holmen zu.
- Die Schultern werden nach dem Abdruck der Oberschenkel dicht an die Hände geführt und die waagerechten Oberarme auf den Holmen aufgesetzt.
- Die Ellenbogen zeigen während der Rolle vorwärts nach außen, dadurch wird ein Durchfallen verhindert.
- Die Rollbewegung wird mit Rundrücken ausgeführt.
- Das Umgreifen der Hände erfolgt sofort nach der Auflage der Oberarme auf den Holmen.
- Die Rollbewegung erfolgt über und nicht zwischen den Holmen.

Hinweis: Der Lehrer bzw. Übungsleiter wird die genannten Punkte individuell gezielt in den Lernprozess einfließen lassen.

Alle Geräte werden vor Beginn des Übens an vorher gekennzeichneten Stellen gemeinsam aufgebaut.

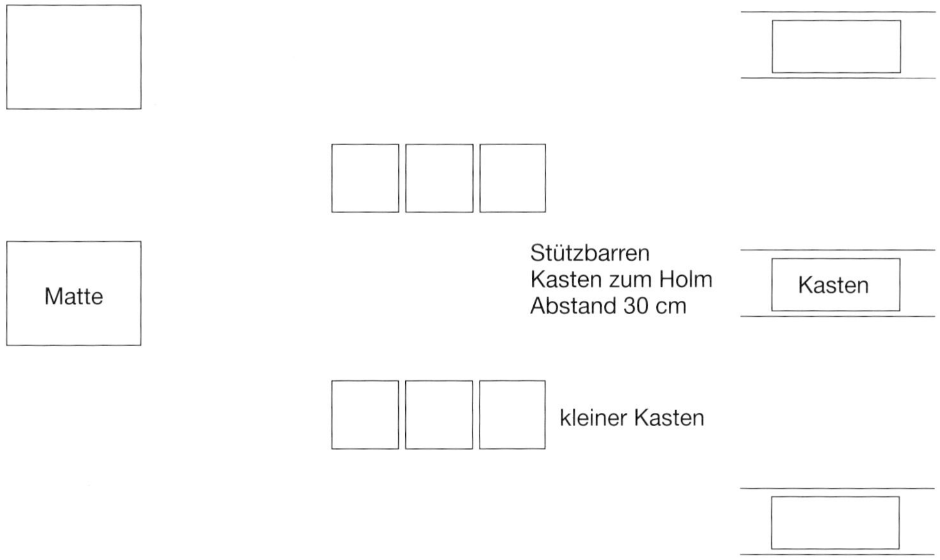

Methodische Übungsreihe

Die Rolle vorwärts wird zunächst „als Basisübung" wiederholt, danach nur die Ausgangs- und Endstellung am Boden verändert und diese Übung dann auf die kleinen Kasten und die Barren übertragen. Durch die leichten Einstiegsübungen Rolle vorwärts und Rolle vorwärts aus dem Grätschsitz in den Grätschsitz haben zunächst erfahrungsgemäß fast alle Schüler Erfolgserlebnisse, die sich wiederum motivierend auf den weiteren Lernprozeß auswirken werden.

Die Jungen und Mädchen stellen sich in zwei Riegen an den Matten auf (siehe Skizze). Erfahrungsgemäß wird eine laufende Differenzierung während des Lernprozesses vorgenommen werden müssen. Nur wer die vorherige Aufgabe technisch einwandfrei ausgeführt hat, sollte zur nächsten Station weitergehen.

1. Durchgang:
Festigen der Rolle vorwärts, fünfmal.

2. Durchgang:
Rolle vorwärts aus dem Grätschstand vor der Matte in den Grätschsitz auf die Matte, fünfmal.

3. Durchgang:
Aus dem Grätschstand vor den kleinen Kästen Rolle vorwärts in den Grätschsitz auf die kleinen Kästen, fünfmal.

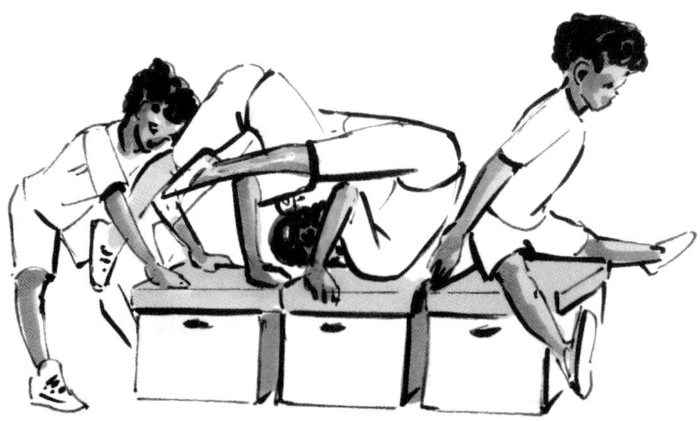

4. Durchgang:
Aus dem Hockstand auf dem Kasten (Kasten in der Holmengasse, Kasten-Holm-Differenz ca. 30 cm, Griff an den Barrenholmen, Holme können zur Erleichterung schräg gestellt werden) Rolle vorwärts in den Grätschsitz auf dem Barren. Mehrmals wiederholen.

☞ **Hinweis:** Der Lehrer oder ein anderer Helfer steht außerhalb der Holmengasse seitlich vor dem Übenden. Die gerätnähere Hand greift unter den Holmen zum Nacken, drückt den Kopf auf die Brust und unterstützt/sichert so die Drehbewegung. Die andere Hand drückt gegen den Oberschenkel und leistet Schubhilfe.

5. Durchgang:
Aus dem Grätschsitz Rolle vorwärts in den Grätschsitz auf dem Barren (der Kasten bleibt zunächst noch in der Holmengasse, Hilfeleistung wie beschrieben.

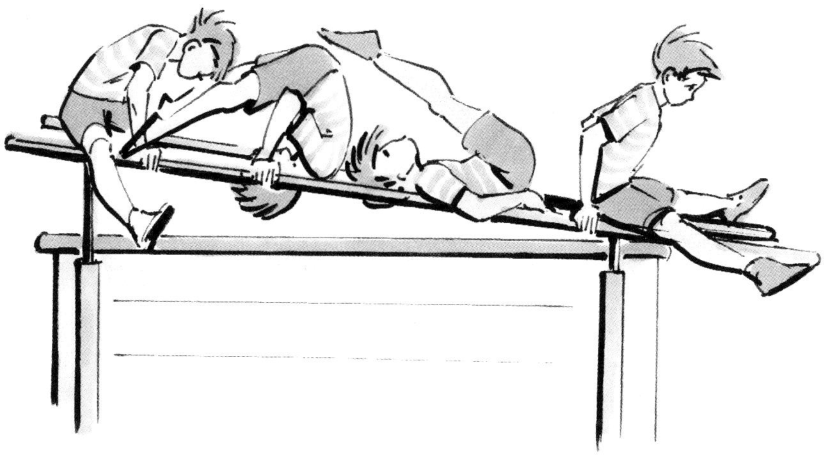

☞ **Hinweis:** Im weiteren Lernprozess werden zunächst die Gerätehilfen (schräge Holme, Kastenhöhe) schrittweise abgebaut. Später wird dann auch die Hilfeleistung durch die Sicherheitsstellung ersetzt.

Zum Abschluss der Stunde werden noch einmal einige Bewegungsfolgen demonstriert und besprochen. Alle Geräte gemeinsam abbauen.

Stundenbild 7 Hilfen ermöglichen das Sich-Überschlagen

Ziele: Lernen und üben des Handstützüberschlages unter erleichterten Bedingungen

Unterrichtsmittel: 12 Matten, 1 Weichboden, 2 Sprungbretter, 2 Turnbänke

Einleitender Teil

Fänger gegen Paare: Es werden Dreiergruppen gebildet. A und B fassen sich an den Händen, wobei B einen Ball prellt. A hat die Aufgabe seinen Hintermann B zu „schützen“. Partner C versucht B den Ball wegzuschlagen. Gelingt ihm dies, so erfolgt Rollentausch.

Hauptteil

Alle Geräte werden vor Beginn des Übens an den vorher gekennzeichneten Stellen gemeinsam aufgebaut.

Es wird in Dreiergruppen zwischen den Geräten geübt. Der Lehrer hilft den leistungsschwachen Schülern beim Aufschwingen in den Handstand.

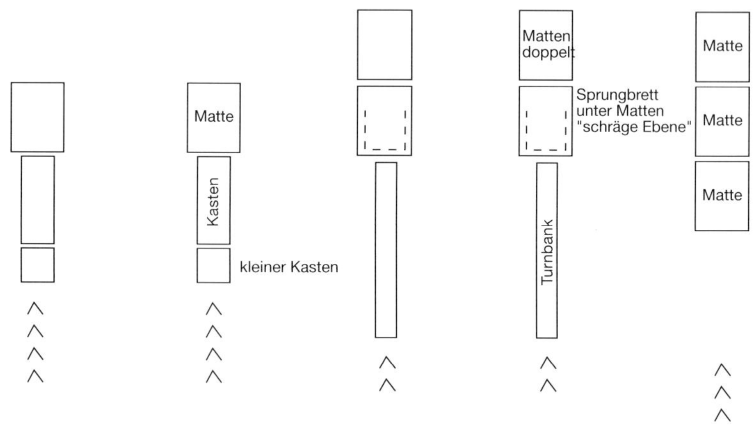

Aufschwingen in den Handstand mit gestreckten Armen. Jeder Übende sollte fünfmal geübt haben. Die Helfer stehen rechts und links vom Schüler, fassen am Oberschenkel zu und sichern das Aufschwingen. Den Kopf „leicht“ in den Nacken nehmen!

Wie vorher, aber wer kann vor dem Aufschwingen in den Handstand einen Hopser auf dem Schwungbein ausführen und dabei die Arme schrägvorhoch nehmen? Fünfmal.

Hinweis: Der Lehrer oder ein Schüler zeigt diese Bewegungsaufgabe, damit alle Jungen und Mädchen eine klare Bewegungsvorstellung von der geforderten Übung bekommen.

Wie vorher, aber mit betontem Schwungbeineinsatz. Fünfmal.

Hinweis: Der Junge oder das Mädchen soll so kräftig aufschwingen, dass die beiden Helfer rechts und links Mühe haben, den Schwung aufzufangen. Sie müssen zeitig zufassen. Nach dieser Übung setzt die Differenzierung ein. Jungen und Mädchen, die diese Aufgabe korrekt ausgeführt haben, gehen zum dreiteiligen Kasten. Alle anderen üben wie bisher weiter.

Handstandüberschlag vom dreiteiligen Kasten in den Stand mit Hilfeleistung.

Hinweis: So kräftig aufschwingen, dass ein Überschlag möglich wird. Mehrere Male wiederholen, bis eine gewisse Sicherheit erkennbar wird.

Stundenbilder Sport Sekundarstufe
Band 2: Spiel, Spaß & Spannung beim Geräteturnen - Bestell-Nr. 14 004
www.kohlverlag.de

Hilfeleistung:
Der Lehrer muss entscheiden, ob er anfangs selbst hilft oder geeignete Jungen und Mädchen diese Aufgabe nach gewissenhafter Einweisung übernehmen können. Auf jeden Fall muss die Hilfeleistung allen Schülern gezeigt werden.
Die Helfer stehen rechts und links seitlich vom Übenden und unterstützen mit der inneren Hand den Rücken des Übenden und drücken ihn damit in die Überstreckung. Mit der äußeren Hand fassen sie von der Anlaufseite den Oberarm des Übenden und begleiten ihn damit bis in den sicheren Stand.

Auch nach dieser Übung muss laufend weiter differenziert werden. Wer den Handstandüberschlag vom Kasten mit leichter Unterstützung schafft, versucht ihn an der schrägen Ebene.

Handstandüberschlag mit weitem Auftaktschritt aus dem Anlauf auf der Bank. Die Hände stützen auf die schräge Ebene. „Lass die Hände lange hinter dem Kopf und drücke mit den Armen lange nach." Die Landung erfolgt auf den Fußballen. Der Kopf bleibt leicht im Nacken.

Hinweis: Vor der Turnbank wird ein mit zwei Matten abgedecktes Sprungbrett gelegt, dahinter liegen noch einmal zwei Matten.

Hilfeleistung: Die Hilfen rechts und links stehen seitlich vom Übenden und fassen jeweils mit der inneren Hand auf die Schulter des Übenden und geben Drehhilfe.

Wie vorher, aber wer schafft den Handstandüberschlag auf der schrägen Ebene ohne Hilfe? Wer es mehrere Male ohne jede Hilfe geschafft hat, versucht es anschließend auf der Mattenbahn.

Wie vorher, aber Handstandüberschlag auf der Mattenbahn. Evtl. muss zunächst leicht „helfend" unterstützt werden.

Danach werden alle Geräte abgebaut, lediglich die Bänke bleiben stehen.

Schlussteil

Gruppenwettkämpfe mit der Turnbank.
Die Jungen und Mädchen bilden zwei Gruppen und stellen sich jeweils mit der linken Körperseite an die Bank und fassen die Innenkante der Bank mit der linken Hand von unten, die äußere Kante der Bank mit der rechten Hand von oben. Punkte für die Rangfolge verteilen, z. B. 5 – 3 – 1.

☺ Welche Riege hat im Stand die Bank zuerst auf der anderen Seite abgesetzt (leise absetzen!).

☺ Wie vorher, aber im Sitzen.

☺ Wie vorher, aber danach aufstehen, über die Bank springen, erneut hinsetzen, Bank aufnehmen und wieder auf der anderen Seite absetzen.

KOHL VERLAG Der Verlag mit dem Baum
www.kohlverlag.de
Stundenbilder Sport Sekundarstufe
Band 2: Spiel, Spaß & Spannung beim Geräteturnen - Bestell-Nr. 14 004

Ziele: Lernen und üben der Laufkippe

Unterrichtsmittel: 1 Stufenbarren, 3 kleine Kästen, 1 Sprungbrett, 2 große Kästen

Vorab ...

Dem unterschiedlichen individuellen Lerntempo wird dadurch entsprochen, indem das gemeinsame Lern- und Übungsziel Laufkippe in kleinere, überschaubare Teilziele aufgegliedert wird, so dass die Übungen für den einzelnen Schüler fasslich und möglich werden.

Alle Geräte werden vor Beginn des Aufwärmens aufgebaut.

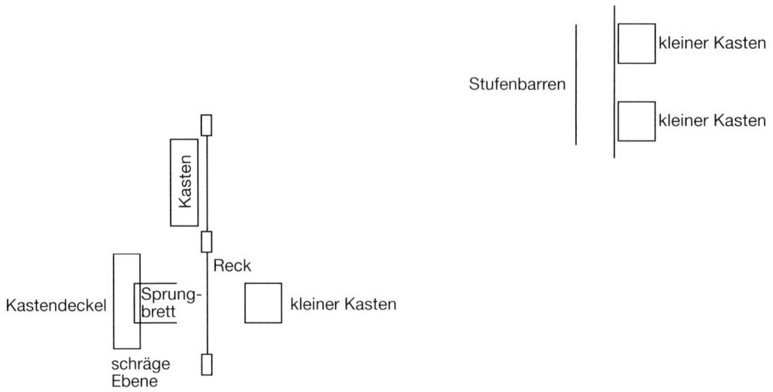

Einleitender Teil

Wechselwalze:
Es finden sich immer drei Übende zusammen. Geübt wird in den Freiräumen zwischen den Geräten.

☺ Die Spieler mit den Nummern 1, 2 und 3 befinden sich nebeneinander in der Bauchlage. Die Hände haben sie in Schulterhöhe aufgesetzt. Spieler 1 und 2 liegen dicht nebeneinander. Zwischen den Schülern 2 und 3 beträgt der Abstand ca. 1,5 bis 2 m. Nun beginnt die Walze zu rollen: Spieler 1 drückt sich mit beiden Händen und Füßen vom Boden ab und macht in Bauchlage einen flachen Sprung über Spieler 2, danach bleibt er aber nicht liegen, sondern rollt schnell einmal um seine Längenachse an Spieler 3 heran. Nun springt Spieler 3 in Bauchlage über Spieler 1, rollt um die Längenachse, so dass dann Spieler 2 springen kann usw.

☺ Wie vorher, aber versuche das Wechseltempo zu steigern.

Hauptteil

Die Jungen und Mädchen stellen sich zu Beginn des Hauptteils in zwei Riegen hinter den kleinen Kästen am Stufenbarren auf.

In den Streckhang am hohen Holm springen und die Fußballen auf den niedrigen Holm aufsetzen. Mit den Hüften vor und rück pendeln. Beim Rückpendeln sich mit gestreckten Armen in den Stütz aufstemmen. Die Füße drücken sich kräftig vom niedrigen Holm ab. Fünfmal.

Wie vorher, aber es zweimal hintereinander versuchen.

Hinweis: Schon bei dieser ersten vorbereitenden Übung kann die Lehrkraft differenzieren, d. h. nur die Jungen und Mädchen, die das Aufstemmen ohne jede Hilfe schaffen, sollten die nächste Übung ausführen.

In den einbeinigen Hangstand am Stufenbarren springen, das andere Bein bleibt gestreckt. Der Fußrist berührt den oberen Holm.
Sich nach mehrmaligem Pendeln in den Stütz aufstemmen, dabei das gestreckte Bein zügig am Holm entlang vorhoch schieben (immer Kontakt mit dem Holm halten). Fünfmal.

☞ **Hinweis:** Dieser Bewegungsablauf kommt dem Kippschhub schon sehr nahe. Am Oberschenkel und am Rücken kann bei dieser Ubung von einem oder zwei Helfern unterstützt werden. Diese Übung sollte immer wieder ausgeführt werden, bis sie (fast) ohne jede Hilfe möglich wird.

☺ In den Hangsitz auf den Seitkasten schwingen, von unten aus dem Spannhang Schwung zum Kippschub holen. Die Beine an der Stange vorhoch entlang schieben, sobald der Fußrist die Stange berührt (Beginn des Kippschubs). Immer wieder versuchen und wiederholen.

☞ **Hinweis:** An jeder Seite unterstützt ein Helfer rechts und links am Oberschenkel und Rücken. Unbedingt auf richtigen Abstand zwischen Reck und Seitkasten achten, die Arme müssen schon im Sitz gestreckt sein, der Schwerpunkt muss sich eindeutig vor der Reckstange befinden. Diese Übung ist auch am Stufenbarren möglich.

☺ Wie vorher, aber nur mit einer Hilfe. Mehrere Male.

☞ **Hinweis:** Die Lehrkraft geht von Gruppe zu Gruppe und überzeugt sich vom individuellen Können jedes Schülers, um die entsprechenden Hinweise zu geben. Bei richtiger Ausführung der gestellten Aufgabe geht der Übende zur nächstschwereren Übung.

☺ Wie vorher, aber wer schafft es ohne Hilfe? Mehrere Male.

☺ In Schrittstellung mit Ristgriff am Reck (entsprechend hoch einstellen) auf dem kleinen Kasten stehen. Mit langen Armen und tiefhängendem Gesäß mit zwei Schritten bis in die Streckung auf das Reutherbrett laufen. Sich kräftig abstoßen, in die Kipplage schwingen und in den Stütz kippen. Mehrere Male.

☞ **Hinweis:** Wieder unterstützen zwei Helfer die Bewegung. Im Verlaufe des Übungsprozesses wird zunächst auf einen Helfer, dann auf beide verzichtet. Um den Jungen und Mädchen das richtige Bewegungsgefühl zu vermitteln, sollte der Lehrer die Hilfe anfangs selbst geben (Dosierung der Hilfe).

Wie vorher, aber wer schafft die Laufkippe ohne Gerätehilfe ?

Schlussteil

Zum Abschluss der Stunde werden die einzelnen Teillernziele noch einmal demonstriert und erläutert. Alle Geräte gemeinsam abbauen.

Stundenbilder Sport Sekundarstufe
Band 2: Spiel, Spaß & Spannung beim Geräteturnen - Bestell-Nr. 14 004
www.kohlverlag.de

Stundenbild 9 — Sich im freien Flug überschlagen

Ziele: Lernen und „erleben“ des Handtütz-Sprungüberschlages mit intensiver Hilfeleistung

Unterrichtsmittel: 3 große Kästen, 1 Mini-Trampolin, 2 kleine Kästen, 1 Turnbank, 2 Weichböden, 1 Stufenbarren, 2 Matten

Vorab ...

Es geht bei diesem Übungsbeispiel nicht darum, die Grobform des Handstütz-Sprungüberschlages einzuführen, sondern es wird sich darauf beschränkt, dass alle Jungen und Mädchen unter erleichterten Bedingungen und mit intensiver Hilfeleistung das Überschlagen mit beidbeinigem Absprung aus dem Anlauf ausführen können.

Voraussetzungen ...

Voraussetzung ist, dass die Übenden schon Grunderfahrungen mit der Absprunghilfe Mini-Trampolin gesammelt haben und auch schon den Handstand, das Überschlagen seitwärts (Rad) und evtl. den Handstützüberschlag vorwärts am Boden kennengelernt haben.
Es ist klar, dass viele Jungen und Mädchen nie ohne Hilfe den Handstütz–Sprungüberschlag schaffen werden, aber durch die ausgewählten Übungsbeispiele, dieses „tolle Gefühl“ erleben, sich im „freien Flug“ zu überschlagen und damit vielleicht wirklich einmalige Bewegungserfahrungen zu machen.

Zur Lehrweise ...

Im folgenden wird beschrieben, wie man mit allgemeinen Gruppen in Schule und Verein den Handstütz-Sprungüberschlag erarbeiten kann.
Erfahrungsgemäß muss bei vielen Jungen und Mädchen erst einmal das Bewegungsgefühl des Überschlagens mit gestreckten Armen (der Kopf befindet sich während des Überschlagens zwischen den Armen) vermittelt werden.
Erst dann kann man an die Kombination Anlauf – beidbeiniger Absprung – hoher Einsprung und Überschlagen herangehen.

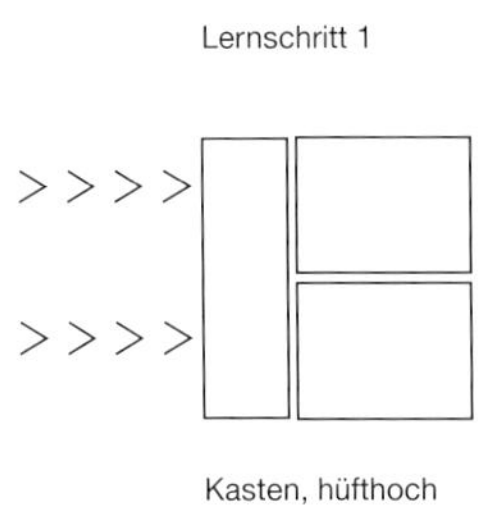

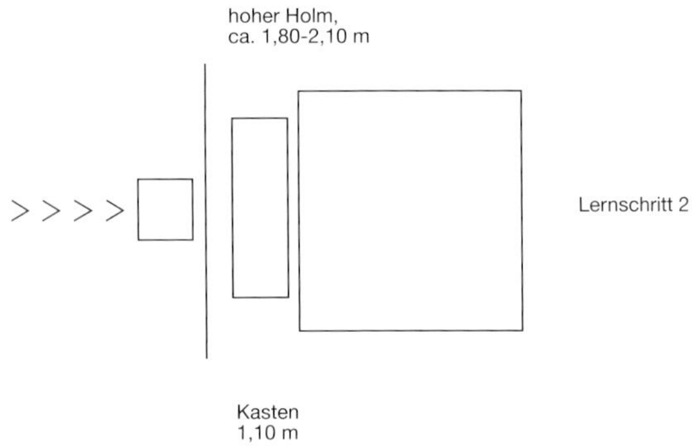

Alle Geräte werden vor Beginn des Übens an den vorher gekennzeichneten Stellen gemeinsam aufgebaut.

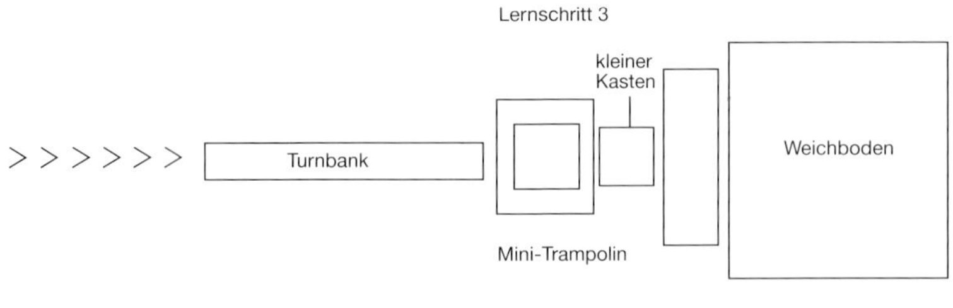

1. Lernschritt

Ziel: Erarbeiten des Gefühls des Aufschwingens in den Handstand mit gestreckten Armen und richtiger Kopfhaltung (zwischen den Armen).

Geräte: Hüfthoher Kasten und Matten.

☺ Sich mit dem Bauch auf den seitgestellten hüfthohen Kasten legen. Die Hände werden dicht am Kasten auf die Matte gesetzt. Beim Auftakt die Hüften beugen und kräftig in den Handstand schwingen (Arme gestreckt, der Kopf befindet sich zwischen den Armen).

☞ Die Hilfeleistung unterstützt den Handstand mit Griff an den Beinen und das anschließende Zurückfallen in die Bauchlage. Es darf auf keinen Fall abgerollt werden. Mehrere Male üben.

2. Lernschritt

Ziel: Erarbeiten des Gefühls des Überschlagens mit gestreckten Armen und richtiger Kopfhaltung.

Geräte: Stufenbarren, hoher Holm ca. 1,80 bis 2,10 m, der tiefe Holm wird herausgenommen und durch einen seitgestellten Kasten (Höhe 1,10 m) ersetzt, Weichboden (siehe Skizze – Lernschritt 2). Der Übende befindet sich im Außenseitstütz am hohen Holm und fasst mit beiden Händen auf den seitgestellten Kasten (schulterbreit fassen, Fingerspitzen zeigen vor).

☺ Mit einer leichten Ausholbewegung der Beine gelangt man in den Seithandstand (Arme gestreckt, Kopf befindet sich zwischen den Armen). Aus dieser Position lasse sich nach vorn überfallen lassen.

☞ Die Helfer „tragen“ den Übenden so zum Überschlag bis in den sicheren Stand. Die Helfer stehen sich mit dem Gesicht gegenüber. Die kastennähere Hand fasst mit abgespreiztem Daumen von unten an die Schulter. Die andere Hand greift an der Oberschenkelrückseite.

Die Helfer stehen dicht am Übenden und begleiten ihn in den sicheren Stand. Anfangs steht zusätzlich der Lehrer auf dem Kasten, um die Bewegung bis zum Handstand zu sichern (das evtl. Einknicken der Arme zu verhindern). Er fasst mit der einen Hand in den Hosenbund, mit der anderen Hand unterstützt er das Überschlagen. Somit ist gewährleistet, dass alle – auch ängstliche Schüler – zunächst sicher in den Stand kommen.

☺ Versuchen, die genannte Bewegungsfolge nun immer schwungvoller und mit verringerter Hilfeleistung auszuführen (hierbei die Arme hinter dem Rumpf zurück lassen). Erst wenn das Überschlagen ohne Angst und mit gestreckten Armen und richtiger Kopfhaltung ausgeführt wird, sollte der nächste Lernschritt geübt werden.

3. Lernschritt:

Ziel:
Erlernen des Handstütz-Sprungüber-schlages mit starker Hilfeleistung und unter erleichterten Bedingungen.

Geräte:
Turnbank, Mini-Trampolin, kleiner Kasten, seitgestellter Kasten, Weichboden..

☺ Auf der Turnbank anlaufen, mit einem betonten Auftaktschritt auf das Mini-Trampolin springen und zu einem hohen Überschlag mit Stütz auf dem Seitkasten abfedern. Wer schafft einen hohen Einsprung, Anflug mit gestreckten Armen und richtiger Kopfhaltung?

☞ Um das hohe Anschweben zu erleichtern, steht der Lehrer zwischen Mini-Trampolin und Seitkasten und unterstützt mit beiden Händen am Oberschenkel und Hüfte hebend und tragend den Bewegungsablauf. Hinter dem Seitkasten stehen zwei Helfer und sichern die Bewegung mit Drehgriff bis in den sicheren Stand.

☺ Mit steigendem Können bzw. zunehmender Sicherheit wird die Hilfe zwischen Mini-Trampolin und Kasten verringert und teilweise ganz weggelassen. Evtl. dann auch mit weiterem Mini-Trampolin-Abstand üben.

Stundenbilder Sport Sekundarstufe
Band 2: Spiel, Spaß & Spannung beim Geräteturnen - Bestell-Nr. 14 004
KOHL VERLAG Der Verlag mit dem Baum
www.kohlverlag.de

Stundenbild 10 — Flick-Flack

Ziele: Lernen und üben des Handstützüberschlags rückwärts – „Flick-Flack“
Schulen der Sprung- und Stützkraft sowie der Orientierungsfähigkeit

Unterrichtsmittel: 2 große Kästen (etwa hüfthoch), 1 Turnbank, 2 Sprungbretter, 8 Matten, 1 Weichboden

Einleitung

„Sitzfußball“:
Als Spielfeld gilt die gesamte Turnhalle. Als Tor wird an jeder Wand eine Weichbodenmatte gelegt. Ein Tor gilt als erzielt, wenn der Ball die Weichbodenmatte berührt. Es werden zwei gleichgroße Mannschaften gebildet (durch Parteibänder kennzeichnen). Alle Jungen und Mädchen setzen sich hin und stützen mit den Händen neben dem Körper, um sich so oder im Liegestütz rücklings fortzubewegen. Aus diesen Stellungen versuchen sie sich gegenseitig den Ball zuzuspielen oder den gegnerischen Weichboden zu treffen. Der Ball darf nicht mit den Händen berührt werden (Freistoß). Die Lehrkraft rollt den „Softball“ an der Mittellinie ein.

Hauptteil

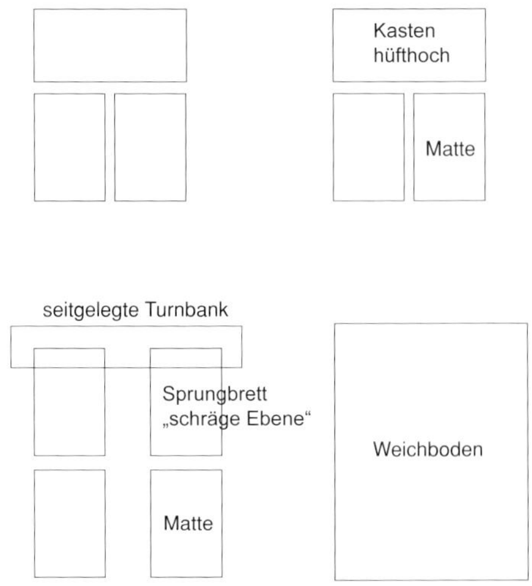

Alle benötigten Geräte werden an den vorgesehenen Stellplätzen aufgebaut.

Die Jungen und Mädchen stellen sich in zwei Riegen hinter den Kästen auf.

Sich mit aufrechtem Oberkörper auf den seitgestellten Kasten setzen. Das Gesäß sollte etwas über die Kastenkante hinausragen. Den Oberkörper langsam nach hinten-unten absenken, bis die Hände dicht am Kasten die Matte berühren. Die Finger zeigen dabei leicht nach innen.

In den Hüften beugen und dadurch die Beine in den Stand absenken. Mehrere Male ausführen – bis die Übung sicher wird.

Die Hilfeleistung unterstützt den Übenden mit Griff an den Oberschenkeln in den Handstand.

Hinweis: Diese Übung soll den Jungen und Mädchen zu einem ersten Bewegungsgefühl verhelfen. Der Lehrer wird schon hier mit seinen Hinweisen auf die wichtigsten Phasen eingehen (Kopf in den Nacken, Bogenspannung des Körpers, gestreckte Arme).

Wie vorher, aber nach der Landung sofort eine Rolle rückwärts anschließen.

Hinweis: Die Rolle rückwärts soll einen Ausgleich zur starken Belastung der Wirbelsäule darstellen.

Die Jungen und Mädchen finden sich paarweise zusammen und üben in den Freiräumen zwischen den Geräten.

Zwei gleichgroße Schüler stellen sich mit Hochhalte der Arme rücklings aneinander. Der helfende Partner erfasst die Handgelenke des anderen, wobei er eine leichte Kniebeuge in der Schrittstellung einnimmt. Nun beugt er sich so weit vor, bis die Hände des auf seinem Rücken liegenden Partners auf den Boden aufsetzen. Dieser gelangt über den flüchtigen Handstand und mit leichtem Nachschieben des Partners in den Stand. Mehrere Male üben – immer wieder wechseln.

Hinweis: Durch diese Übung werden sich Bewegungsgefühl und Bewegungsvorstellung weiter vervollkommnen. Nach einigen Versuchen kann evtl. auch das Bewegungs-tempo dieser Bewegungsfolge gesteigert werden. Evtl. kann ein dritter Schüler helfend absichern.

Flick-Flack mit Partnerhilfe (rechts und links) von der schrägen Ebene. Das Sprungbrett liegt auf der einen Seite der seitgelegten Turnbank auf.

Der Übende geht in die flüchtige Kniebeuge (Schulter vor!). Seine Füße stehen ganz auf der Schrägen des Sprungbrettes (nicht nur die Fußballen). **Mit beiden Händen hält er sich rechts und links an den Kanten des Sprungbrettes fest.** Durch das Lösen des Griffes, Rücknehmen des Kopfes, durch den energischen Armschwung von unten und durch die schneite Bein- und Hüftstreckung nach hinten-oben gelangt der Übende über den Handstand in den Stand. (Abb. siehe nächste Seite).

Stundenbilder Sport Sekundarstufe
Band 2: Spiel, Spaß & Spannung beim Geräteturnen - Bestell-Nr. 14 004
KOHL VERLAG Der Verlag mit dem Baum
www.kohlverlag.de

☺ Die seitlich stehenden Helfer greifen mit je einer Hand in den Hosenbund und unterstützen mit der anderen an der Rückseite des Oberschenkels. Bei den ersten Versuchen sollte die Lehrkraft eine Seite der Hilfeleistung übernehmen: Dem Übenden Sicherheit vermitteln !

☺ Wie vorher, aber wer schafft es nur mit einer Hilfe? Mehrere Durchgänge.

☺ Wie vorher, aber wer schafft es schon auf dem Weichboden?. Ein auftaktartiges „Anhüpfen“ wirkt oft bewegungsunterstützend.

☞

Hilfeleistung
wie beschrieben.

Schlussteil

☺

Die wesentlichen Punkte des Bewegungsablaufes „Flick-Flack“ wird durch Vormachen einiger Schüler noch einmal bewusst gemacht.

☞ Wichtig hier bei ist, dass nicht nur leistungsstarke Jungen und Mädchen „ihren Bewegungsablauf“ zeigen, sondern auch Übende, die zum ersten Mal diese Übung ausgeführt haben, d.h. in dieser Stunde erlernt haben.